ÉTRENNES

à

L'Armée Française

EN FRANCE

Chez tous les Marchands de Nouveautés

1830

ÉTRENNES

A

L'ARMÉE FRANÇAISE.

Les sabreurs de la rue St-Denis n'appartenaient pas aux rangs de l'Armée Française : c'étaient des assassins à gage que des intrigans politiques avaient fait déguiser en soldats.

Mes chers camarades,

Quoique séparé de vous depuis près de neuf ans, je n'en conserve pas moins dans mon ame toute l'amitié que nous nous étions vouée quand nous marchions sous les mêmes enseignes.

Une nouvelle année commence : veuille Dieu qu'elle soit heureuse pour vous et pour nous, et que cette poignée d'intrigans qui menace la patrie d'une seconde révolution n'apporte point la terreur dans nos familles et le déshonneur dans vos rangs.

Des Journaux salariés par les ennemis du trône et de nos libertés calomnient chaque jour l'Armée Française : ils osent dire que cette Armée qui toujours demeura fidèle à ses drapeaux et à son souverain, que ces soldats qui jamais ne passèrent aux rangs ennemis, tourneraient, au premier signal d'une faction *ambitieuse, leurs baïonnettes contre leurs compatriotes désarmés et non rebelles à la loi.*

Ils auront menti ! Nous avons juré fidélité au roi, à la patrie, à l'honneur. N'oublions pas, mes chers Camarades, que le Roi c'est la patrie, que la patrie c'est le Roi ; et que ce serait à la fois trahir et son pays et son prince, que d'obéir à des ordres indignes et injustes.

Mais pour éclairer votre sagesse, je livre à vos méditations une Lettre écrite et imprimée peu d'années avant nos grandes catastrophes. Elle était adressée à une armée d'esclaves, des soldats libres la liront à leur tour. Ils y trouveront la route qu'ils auraient à suivre si, par des circonstances qu'on tremble de voir se réaliser, des traîtres voulaient leur faire oublier leur devoir.

Adorons Dieu, servons le Roi, obéissons aux lois du royaume, soutenons la patrie, et ne devenons pas les complices de transfuges indignes et du prince et de nous.

Vive le Roi, vive la Charte : voilà le cri du soldat français.

*** Ancien Officier d'Infanterie , Chevalier
de la Légion-d'Honneur.

Lyon, le 6 Janvier 1830.

LETTRE

A M. LE COMTE DE ***
ANCIEN CAPITAINE AU RÉGIMENT D***
SUR L'OBÉISSANCE QUE LES MILITAIRES DOIVENT
AUX COMMANDEMENS DU PRINCE.

———

MONSIEUR ,

Je vous renvoie l'*Essai général de Tactique*. J'ai lu surtout avec satisfaction le Discours préliminaire. Il était digne d'un citoyen vertueux de consacrer à la patrie les prémices de ses veilles. Le tableau qu'il fait de l'Europe politique, ses vues sur les différens vices du Gouvernement des Etats, annoncent un génie clairvoyant, une ame noble et pénétrée de cet *amour du bien public qui échauffe et fait palpiter le cœur des vrais citoyens* *. Ces vues faites pour rallumer le feu sacré des vertus patriotiques prêt à s'éteindre, ne sauraient être trop répandues.

Je cède à vos instances, M., je joins ici quelques réflexions que je crois capables de détruire la fausse idée que la plupart des Militaires ont de l'obéissance qu'ils doivent aux commandemens du Prince. Vous sentez, Monsieur, que je ne parle point ici du Gou-

* Expression de M. Louis de Brancas, comte de Lauraguais, auteur de *l'Extrait du Droit-Public de France*, publié en 1771.

vernement despotique où l'obéissance n'a d'autre motif que la crainte d'un pouvoir injuste qui ne sert qu'à appuyer le caprice de celui qui commande, sans procurer d'avantages à ceux qui obéissent, parcequ'alors c'est la force qui arrache une soumission extérieure que le cœur désavoue, et qu'en obéissant l'esclave ne travaille que pour un maître qu'il déteste, sans aucun profit pour lui-même, ni pour la Société. Je suppose un état policé où le citoyen en obéissant travaille à son propre bonheur et au bien de la Société, et n'obéit qu'à la raison et aux lois. Sous un tel Gouvernement, l'obéissance au pouvoir légitime est le devoir le plus indispensable des sujets : c'est un intérêt éclairé qui les porte à se soumettre aux lois justes d'une société occupée du bien-être de ses membres. Ceux qui refusent d'obéir à l'autorité que la société a établie, renoncent à ses avantages, renversent l'ordre, sont des rebelles.

L'obéissance peut être illimitée, lorsque la volonté du Souverain ne sera que l'expression de la volonté publique. Mais elle serait aveugle, insensée, criminelle, si un tyran substituait sa volonté propre à celle de la Société à laquelle les sujets sont unis par des liens antérieurs, et bien autrement sacrés que ceux qui les attachent au Prince. Ceux qui refusent d'obéir à ce pouvoir injuste, nuisible, et que la société désapprouve, loin d'être des *rebelles*, sont des *citoyens fidèles à la Patrie*. Le tyran est alors le seul rebelle : il résiste à la volonté générale contre laquelle il ne lui est point permis de s'élever. Le peuple est toujours en droit de réclamer contre la violence de son chef, si celui-ci passe les bornes du pouvoir légitime. Ceux donc qui conjointement avec un tyran conspirent contre la Société dont ils sont membres, ressemblent à des enfans dénaturés qui aideraient un voleur à piller la maison de leur père. La patrie a droit de les punir du crime dont ils se rendent coupables en soutenant son ennemi.

Il est des bornes que le pouvoir royal ne saurait franchir : autrement le sujet ne serait plus qu'un vil instrument de servitude. La vertu est toujours dans le cœur de l'homme pour l'avertir quand il doit obéir ou résister. Les lois de la nature et de la raison sont connues de tous ceux que l'intérêt, le préjugé, ou la passion n'ont point totalement aveuglés; tous sont à portée de juger si les ordres qu'on leur donne y sont opposés ou conformes. L'obéissance aveugle n'est donc faite que pour les esclaves. Le citoyen n'est jamais tenu de sacrifier son honneur et sa vertu : il n'obéit qu'à ce qu'il sait que l'autorité a droit de lui commander; et jamais l'autorité n'a droit de rien commander de contraire à la nature, à la justice, au bien-être de la société auxquels elle est subordonnée. Pour qu'un Prince chatiât justement ses sujets, il ne lui suffirait pas d'alléguer en général qu'ils n'ont pas exécuté ses ordres : il faudrait de plus qu'il fût prouvé qu'ils pouvaient faire en honneur et en conscience ce qu'il leur avait commandé. Les actions criminelles ne peuvent donc être ni légitimement ordonnées par le Souverain, ni innocemment exécutées par les sujets.

Si un tyran furieux ordonnait à quelques uns de ses sujets d'égorger ceux de leurs concitoyens qui refuseraient d'obéir à ses volontés arbitraires; s'il voulait les employer à priver les citoyens de leur liberté, de leur propriété, et des autres avantages dont la nature et la société leur garantissent l'usage; si un tyran anéantissait les lois de l'Etat qu'il gouverne, malheur aux sujets qui se conformeraient à ses ordres!

C'est une obligation rigoureuse pour tous les ordres des citoyens de refuser d'exécuter des commandemens aussi illégaux. Plus ils sont éclairés sur les lois de l'Etat, plus ils sont élevés en dignité, plus ils tiennent à l'Etat par leurs emplois, plus ils doivent concourir au maintien des lois, et résister à tout ce qui tend à les anéantir. Tout homme qui connaît l'injustice des ordres qu'on lui donne, et les exécute, se rend donc complice de l'injustice ou du crime; et la soumission dans ces occasions est une véritable lâcheté. Le refus d'obéissance, dans les cas où ce serait être infidèle que d'obéir, ne peut être qu'une nouvelle preuve de soumission, de respect et d'amour, et d'une fidélité à toute épreuve. Il me semble que ces principes doivent servir de règle à tous les citoyens.

Mais *un Militaire est-il un Citoyen?* Il vaudrait autant dire, la Patrie en lui confiant l'emploi honorable de la défendre, lui a-t-elle enlevé la qualité d'être raisonnable? Le glaive qu'elle lui a mis en main doit-il être employé indistinctement contre les ennemis, et contre ses concitoyens? A-t-il abdiqué l'usage de la raison au point de ne voir que par les yeux d'un seul homme, et de n'agir que par ses ordres? Si les gens de guerre doivent obéir à l'aveugle, quand il s'agit de marcher contre les ennemis du dehors, courront-ils sans hésiter sur leurs frères, leurs amis, leurs voisins, parceque le Prince le veut? Si cela était ainsi, on ne verrait dans un militaire qu'un bourreau, ou plutôt un assassin. En effet le bourreau obéit à la loi, exécute l'arrêt légal des juges préposés par la société pour faire parler cette loi : au lieu que le militaire qui porte la mort et le carnage partout où le dirige le caprice du Prince, ne peut être qu'un assassin. Vous êtes sans doute surpris, M., que des principes aussi clairs, aussi évidens soient si méconnus.

Si les Militaires lisaient l'Histoire avec le désir d'y trouver des idées justes sur les principes de notre constitution monarchique, et sur leurs devoirs, ils y verraient que cette doctrine n'est point nouvelle, et qu'elle a été mise en pratique dans tous les temps : et les éloges dont la postérité accompagne le récit des actions des grands-hommes qui ont préféré le bien de la société à leur intérêt personnel, les animeraient à suivre de si beaux exemples. Je vais, M., en rappeler quelques uns tirés de notre Histoire.

Saint Nizier étant appelé à l'Evêché de Trèves vers l'an 527, disait le jour de son sacre : « La volonté de « Dieu sera faite, et la volonté du Roi ne sera ac- « complie dans rien de tout ce qui sera mal, par la « résistance que j'y apporterai. » (*Vies des Pères par Grég. de Tours*, chap. 18.)

On doit obéir au Roi, disaient les Pères du concile de Tolède, en tout ce qui peut contribuer à son salut, en tout ce qui tend à l'avantage de la patrie. *Obediendum est Regi quidquid saluti ejus proficiat, et patriæ consuluerit.* (Concil. Toletani XII, can. 1, anno J. C. 680. Regni Legis Ervigii 1° *Traité des libertés de l'Egl. Gallic.*, tom. 2, part. 1, n° 7, pag. 66, édition de 1731.

Le célèbre Hincmar, archevêque de Reims, ayant été accusé par ses ennemis d'avoir favorisé l'invasion que Louis, Roi de Germanie, frère de Charles-le-Chauve, fit en France en 858, ce prince voulut l'obliger à lui prêter un nouveau serment de fidélité, suivant une formule qu'il lui fit proposer au Concile de *Pontion*, ou *Ponthieu*. Cette formule parut à Hincmar une innovation contraire à l'ancien serment de fidélité que faisaient les Evêques d'être *fidèles au Roi, selon leur savoir et pouvoir, en ce qui serait de leur ministère, ainsi qu'un Evêque doit lui être fidèle, en ce qui est de droit et de raison,* « *Sicut Archiepisco-* « *pus per rectum Imperatori fidelis esse debet* » (Hincmar, tom. 2, nº 61, pag. 836 et 837); parce qu'on y avait ajouté la promesse d'être fidèle et obéissant, et de prêter aide EN TOUTES CHOSES. *In omnibus scilicet fidelis et obediens adjutor ero.* (Ibid, p. 836.)

Le prélat soutint qu'une clause aussi générale était absolument contraire à l'usage établi par rapport au serment que les sujets doivent aux Princes, et même à celui que les maîtres exigent de leurs serfs. *Contra consuetudinem juramenti quod Principes et Domini suis subjectis et etiam servis jurare debent adscripsit* (pag. 835). « Le savant auteur de cette formule nou- « velle, disait cet Evêque avec une ironie piquante, « eût bien dû examiner, avant de la proposer, si un « Evêque doit obéir et prêter aide, lorsque, par sur- « prise faite à sa religion, le Prince commanderait ou « ferait ce qui ne conviendrait point au ministère « Episcopal. » *Si forte Dominus noster, quod absit, subreptione aliquid jusserit vel egerit, quod Episco-pali ministerio non conveniat, videre debuerat hic scriptor sagacissimus, si obediens et adjutor in hoc illi Episcopus esse debeat* (pag. 835 et 836). Hincmar ajoute affirmativement, « qu'il n'y a aucun homme qui puisse remplir l'obligation envers un autre de lui être fidèle et obéissant, et de lui prêter aide en toutes choses, sans exception, à moins d'interpréter ces expressions de l'habile auteur de la formule, comme si l'on supposait (ce qu'il faut souhaiter) que celui à qui nous jurons ainsi ordonnera et fera toujours des choses dans lesquelles nous devions et puissions lui obéir, et pour lesquelles nous puissions et devions lui être en aide. » *Et non puto ut ullus homo sit qui alteri homini in omnibus fidelis et obediens et adjutor insimul esse possit ; nisi forte illo genere locutionis hanc illius viri docti sententiam intelligamus........ Ut videlicet cupiamus eum ea semper jubere ac semper agere, quibus debeamus et valeamus obedire et ad quæ illi debeamus et valeamus adjutores esse* (pag. 836).

Le règne de Henri III fournit un exemple de résistance à des ordres particuliers qui sera toujours l'objet des plus grands éloges. Mézerai dit que le Roi comptant sur la fidélité et le courage de Crillon, maître de camp du régiment des Gardes, pensa qu'il pourrait lui servir d'exécuteur pour la mort du duc de Guise. L'ayant donc fait venir dans son cabinet, il lui exposa les insolences du Duc, l'extrêmité où elles l'avaient réduit, et le conjura de le délivrer de ce méchant homme, et de le faire arquebuser quand il entrerait dans le Louvre. Crillon répondit au Roi en jurant, comme il avait coutume, que « bien qu'il fût « *capable* de tout entreprendre pour le service de S. « M., il *ne l'était point de commettre un assassinat ;* « que s'il lui plaisait, il ferait mettre l'épée à la main « au duc de Guise, se vantant de lui passer la sienne « dans le ventre, dût-il s'enferrer avec lui. » (Hist. de France, par Mézerai, tom. 3, pag. 737, de l'édition de 1685, in-folio.

Quelque justes que soient les commandemens des

Rois, dit à ce propos le P. Daniel, ils sont quelquefois de telle nature, qu'un honnête homme ne peut avec honneur se charger de l'exécution. Il leur faut (aux Rois) des ames basses et mal nées, dont ils ne manquent jamais, pour être dans ces occasions les ministres de leur justice. Une sorte de bienséance les oblige à les récompenser ; mais ils ne doivent jamais le faire par un emploi de confiance, ni par leur estime. C'est ainsi que Henri III en usa à l'égard de Loignac, capitaine des 45, dont il s'était servi pour tuer le duc de Guise (Hist. de France, par Daniel, tom. 13, pag. 161, de l'édition in-12.

Après la convention d'Amboise, sous le Roi de France Charles IX, en 1563, les Allemands, Reitres, et Lansquenets furent payés des deniers du Roi, et envoyés dans leur Pays, avec un ample Sauf-conduit pour traverser le Royaume. La Reine Catherine de Médicis qui gouvernait alors (femme vindicative, et infidèle à sa parole, pour peu qu'elle crût avoir intérêt d'y manquer), écrivit à Tavannes Commandant en Bourgogne, d'attaquer les Allemands en route, malgré leur sauf-conduit, et de les détruire. *Tavannes ne voulut pas violer un traité de paix, il refusa prudemment d'obéir.* (Esprit de la Ligue, Tom. I. Liv. 2.)

Ce même Monarque que sa politique inhumaine détermina à immoler à sa Religion ceux de ses Sujets qui avaient embrassé la Réforme, non content de l'affreux massacre qu'il en fit faire sous ses yeux dans la Capitale le jour horrible de la Saint-Barthelemy, avait fait expédier des ordres pour qu'on exerçât les mêmes cruautés sur ces sectaires infortunés dans le reste du Royaume. La sagesse des Gouverneurs de Places et de Provinces qui refusèrent d'exécuter ces ordres sanguinaires a rendu leurs noms précieux à la postérité.

Honorat de Savoye, Comte de Téude, Marquis de Villars, Gouverneur de Provence, le Marquis de Gordes Lieutenant de Roi en Dauphiné, Eléonor de Chabot-Charny, Gouverneur de Bourgogne, Saint-Héran Gouverneur de l'Auvergne, Thomassear de Cursay Lieutenant de Roi à Angers, empêchèrent sagement le désordre, répondant aux porteurs des ordres pour le massacre « qu'ils ne pouvaient croire une chose « si barbare, et si contraire aux dernières nouvelles que « le Roi leur avait envoyées; que la sévérité et les « supplices n'ayant fait jusque là qu'irriter les Hu- « guenots, il serait mieux de les ramener à leur de- « voir par les voies de douceur et d'humanité, que « de les porter à une extrême rage, par une telle « perfidie. »

Philbert de la Guiche, gouverneur de Macon, fit que la prison servit d'asile aux Protestans.

Jean Hennuyer, docteur de Paris, qui avait été premier aumônier et confesseur du roi Henri II, après la mort de ce prince, devint évêque de Lisieux. Il y avait 12 ans qu'il gouvernait son diocèse, en instruisant son peuple, et l'édifiant par l'exemple de toutes les vertus chrétiennes, lorsqu'en 1572 le Lieutenant de Roi en cette ville alla lui communiquer les ordres qu'il venait de recevoir pour faire massacrer tous les Calvinistes. « Non, non, lui dit le saint Evêque, je « m'oppose, et je m'opposerai toujours à l'exécution « d'un pareil ordre. Je suis le pasteur de Lisieux, et « ces hommes qu'on vous commande d'égorger sont « mes ouailles. Quoiqu'elles soient égarées, étant sor- « ties de la bergerie dont le souverain Pasteur m'a « confié la garde, je ne perds pas espérance de les y

« voir rentrer. Je ne vois point dans l'Evangile que
« le pasteur doive souffrir qu'on répande le sang de
« ses brebis: au contraire j'y vois qu'il est obligé de
« verser le sien pour elles. Retournez-vous en donc
« avec cet ordre qu'on n'exécutera jamais, tandis
« que Dieu me conservera la vie, qu'il ne m'a don-
« née que pour l'employer au bien spirituel et tem—
« porel de mon troupeau. » Mais, repliqua le Lieutenant de Roi, donnez-moi donc par écrit, pour ma
décharge, le refus que vous faites de laisser exécuter
les ordres du Roi. « Très volontiers, dit le prélat,
« je connais la bonté du Roi, et je ne doute nullement
« que je n'en sois bien avoué. En tous cas, je me
« charge de tout le mal qui en peut arriver, dont
« je vous garantis. » Hennuyer écrivit et signa un
Acte authentique de son opposition et de ses réponses.
Cet écrit étant parvenu au Roi, il retira ses ordres. *

Le vicomte d'Ortez qui commandait à Bayonne,
homme violent, mais qui abhorrait les lâchetés, ne
permit point à la populace de se soulever contre les
Protestans. Sa réponse aux lettres du Roi à ce sujet
était conçue en ces termes: « Sire, j'ai communiqué
« le commandement de votre M. à ses fidèles Habitans
« et Gens de guerre de la Garnison. Je n'y ai trouvé

---

* *Histoire du Calvinisme par Maimbourg*, Liv. VI. Pag.
486, de l'Edition in-4°. *Esprit de la Ligue*, Liv. IV. Tom. 3.
Jean Hennuyer, né à St-Quentin au Diocèse de Laon en 1497,
nommé par François II à l'Evéché de Lisieux en 1558, mou-
rut en 1578. Son portrait se voit encore dans le réfectoire de
la maison de Navarre de Paris. Il était doyen de la Faculté de
Théologie. Il a vécu sous les règnes de Charles VIII, de Louis XII,
de François I, de François II, de Charles IX et de Henry III.
Cette remarque peut servir à rappeler que les Rois ne sont pas
immortels, vérité trop peu sentie sous les longs règnes,

15

« que bons citoyens et braves soldats, mais *pas un*
« *bourreau.* C'est pourquoi , eux et moi, supplions
« très-humblement V. M. de vouloir employer nos
« bras et nos vies en choses possibles , quelque ha-
« zardeuses qu'elles soient, nous y mettrons jusqu'à
« la dernière goutte de notre sang. » (Histoire de
France par Daniel, Tom XIII, Pag. 262.)

Le maréchal de Lesdiguières en 1616 se fit un mérite de désobéir aux ordres précis du Roi Louis XIII ,
réitérés plusieurs fois, parce qu'ils lui paraissaient injustes, contraires à la parole que le roi avait donnée à
un prince allié de la couronne , et honteux à la nation
Française. « Je vais , disait-il , au secours de M. le
« duc de Savoye , contre l'intention et les ordres pré-
« cis de la Cour : Mais *il faut savoir désobéir en cer-*
« *taines occasions à son Prince* , pour le servir selon
« ses véritables intérêts. » (Histoire du Connétable de
Lesdiguières, Liv. IX , Chap. 2. et 3.)

Quelle différence, M. , entre les militaires du temps
passé, et ceux d'aujourd'hui ! une lettre de cachet, un
mot d'un ministre les fait trembler. Aussi rampans que
l'ami de Séjan * , ils croient que le pouvoir du monarque est sans bornes , et que l'obéissance aveugle
aux commandemens les plus injustes, les plus contrai-

---

* M. Térentius, chevalier Romain, accusé d'avoir été l'ami de
Séjan (après la disgrâce de celui-ci) , se défendit en disant à Tibère: « Ce n'est point à nous à juger ni les objets, ni les motifs
« de vos grâces. Les Dieux vous ont donné le pouvoir suprême ,
« et ne nous ont laissé que le mérite de l'obéissance. *Non est nos-*
« *trum estimare quem supra cœteros, et quibus de causis extollas;*
« *tibi summum rerum judicium Dei dedere ; nobis obsequii gloria*
« *relicta est.* » (Tacit. Annal. Lib. VI. C. 8. n. 5.) Tel est l'effet
de la flatterie honteuse , et de l'avilissement odieux qui ne conviennent qu'à des règnes semblables à celui de Tibère , et qui
caractérisent les ames basses et intéressées.

res au bien de l'Etat, fait toute la gloire, toute la distinction d'un officier de la couronne, d'un pair de France, d'un prince du sang.

L'histoire de Bretagne fournit un fait plus ancien et à peu près du même genre que ceux que l'on a rapportés plus haut. Le duc de Bretagne Jean IV, en 1387, ayant résolu de perdre le Connétable de Clisson, le conduisit dans le château de l'Hermine qu'il venait de faire bâtir dans la ville de Vannes, sous prétexte d'en faire la visite, et l'y fit retenir par des gardes apostés. Le soir même le Duc donna ordre à l'officier gardien du château de faire mettre le Connétable dans un sac, et de le jeter à la mer secrètement, et qu'il ne manquât pas d'exécuter cet ordre la nuit suivante à peine de la vie. Cet officier (messire Jean de Bavalan) homme de grande sagesse que le Duc avait employé avec succès dans plusieurs ambassades, lui représenta l'horreur, l'injustice, et les conséquences d'une telle action. Le Duc furieux déclara qu'il voulait être obéi. Cependant Balavan suspendit l'éxécution des ordres qu'il avait reçus. Pendant la nuit, le Duc cédant à un sentiment plus impérieux que la haine, se troubla, le remords chassa le sommeil de ses yeux. Dès la pointe du jour il fit venir Bavalan, et lui dit avec émotion, *est-il mort ?.....* Bavalan ignorant le changement qui venait de se faire dans l'ame du Prince, répond : Je vous ai obéi. *Quoi*, dit le Duc, *Clisson est mort ?* Oui, monseigneur, repartit Bavalan, cette nuit il a été noyé. Le Duc désespéré ordonne à Bavalan de se retirer; il s'abandonne à la douleur, ne veut plus voir personne, refuse de prendre aucune nourriture, et se condamne lui-même à la mort. Ses gémissemens et ses cris se font entendre. Ses écuyers, et ses domestiques s'empressent pour le soulager, sans pouvoir pénétrer la cause de ses maux. Bavalan informé de la triste situation du Duc, et voyant que son repentir était véritable, crut devoir calmer les agitations de son esprit, et le rappeler à la vie. Il se présente à lui malgré ses défenses, et lui dit qu'il avait osé suspendre l'exécution de ses ordres, et que le Connétable vivait encore. Le Duc transporté de joie se jette au cou de Bavalan, loue sa prudence, lui dit que c'est là le plus grand service qu'il lui ait jamais rendu, et lui donne une récompense. (Hist. de Bretagne, par Dargentré, Liv...... et par Dom Morice, Tom. i, Pag. 398.)

Villaret qui a rapporté ce trait d'Histoire (Hist. de France, Tom. XI, Pag. 444), donne Bavalan * pour un officier vertueux, digne par sa sagesse et son courage de servir à jamais de modèle aux serviteurs et Ministres des Souverains ; mais cet officier n'aurait-il pas mieux fait de ne pas promettre d'obéir, et de refuser son ministère, comme Crillon et le Vicomte d'Ortez ? Leçon importante, ajoute Villaret, pour les grands et pour ceux qui les approchent. Heureux les Princes qui trouvent des sujets assez généreux pour leur désobéir lorsqu'ils commandent un crime !

Ces traits historiques sont la preuve d'un grand courage civil, vertu beaucoup plus rare et souvent plus utile que le courage militaire. Et quel est l'homme chrétien, quel est le citoyen vertueux qui ose blâmer des sujets généreux d'avoir désobéi dans de telles circonstances ?

La protestation des augustes princes du sang royal et de plusieurs ducs et pairs, est un monument à ja-

---

* Il n'existe plus aucun rejeton de la famille de *Bavalan*.

mais mémorable de ce courage civil. Un exemple aussi frappant eût dû donner le ton à toute la noblesse française, et l'engager au moins à ne pas prêter son ministère à l'oppression des citoyens généreux qui se sacrifiaient pour la patrie. Mais que pouvait-on espérer dans un siècle où l'intérêt particulier est le mobile des grands et des petits, où à peine connaît-on le nom de patrie, où l'on ne peut parler de bien public , sans devenir suspect, et risquer sa liberté ?

M. le prince de Beauveau a la genérosité de refuser d'être l'instrument de la destruction du parlement de Toulouse ; il est dépouillé de son commandement en Languedoc, et il se trouve une ame assez basse pour se revêtir de ses dépouilles. M. le duc de Duras croit devoir plus à la nation qu'à sa fortune, et refuse son ministère pour la destruction du parlement de Bretagne ; on lui enlève le commandement de cette province où il venait de rétablir le calme, et sa place devient la récompense des lâchetés, des perfidies, des trahisons du duc de Fitz-James *. On se consolerait si on ne voyait dans la liste des officiers-généraux qui ont été les valets du sieur de Maupeou, que les noms des *Fitz-James*, des *Richelieu*, des *de Lorges*. La honte et le

---

* M. Dagay-de-Mutigney, intendant en Bretagne, a été rappelé parce qu'il avait refusé d'aller à Rennes violer la justice dans son temple. Ce magistrat ne connaît point de nécessité impérieuse plus forte que le cri de la conscience et la loi du devoir. *Majora legum quam hominum imperia.* (Tacit.) Quel contraste avec la conduite odieuse des membres du conseil qui n'ont pas rougi *d'assister* les exécuteurs des prévarications criminelles du Chancelier. Ce rôle convenait parfaitement aux *Calonne*, aux *le Noir*, aux *Bastard*, aux *Flesselles*, qui avaient dès long-temps fait leurs preuves, mais devait-on présumer que les *Guignard-de saint-Priest*, les *Tyroux-de-Crosne*, les *Amelot*, les *Pajot-deMarcheval*, fussent leurs complices.........?

déshonneur sont attachés depuis long-temps à ces noms; mais quelle douleur pour les citoyens, d'y voir les noms des comte de............, des *d'Armentières*, des *Harcourt*, des *Rochechouart*, des *Clermont-Tonnerre*, des *Périgord*, des *La Tour-du-Pin*, des *Ruffey*. Le regret et la consternation que ceux-ci ont témoignés dans l'opération funeste dont ils s'étaient chargés ne les justifieront pas. La patrie leur a dit, et leur dira toujours: *Fils ingrats, vous pleurez en me plongeant le poignard dans le sein, et vous croyez que vos larmes sont capables d'effacer ce parricide?*

Je le répète, M., ce doux nom de Patrie est presque absolument méconnu; et tout conspire à le faire oublier, le Gouvernement, en rapportant tout au Chef et ne faisant jamais considérer que lui; les Sujets, en adoptant ce langage insensé. Un Militaire dit qu'il *sert le Roi :* s'il parlait autrement, et qu'il osât dire qu'il sert la Patrie, il se fermerait la porte des grâces. C'est le Roi qui distribue les dignités : on ne pense qu'à lui, on ne parle que de lui; comme si ce n'était pas la Patrie qui, par les mains de son Chef, confie à chacun l'emploi honorable dont elle le croit digne. L'homme en place dit qu'il est *Serviteur du Roi*, qu'il exécute les Ordres du *Roi son maître*. Expressions favorites des Militaires, mais qui ne conviennent que dans un Gouvernement despotique où il n'y a qu'un maître et des esclaves; expressions qui auraient fait horreur à nos Pères, mais avec lesquelles nous sommes familiarisés, parce que nous avons pris les sentimens des esclaves. Ah! M., engageons nos Concitoyens, et surtout les Militaires à ne pas méconnaître la Patrie, à ne prononcer ce nom sacré qu'avec attendrissement, à ne pas confondre les volontés d'un seul homme avec celle de la Patrie; et il ne sera pas difficile de les dissuader de cette obéissance aveugle que l'on exige d'eux pour écraser leurs frères et leurs Compatriotes.

C'est donc évidemment par un abus d'expression que les militaires disent qu'ils sont les *Serviteurs du Roi.* Les Serviteurs d'un Roi sont ses Domestiques, les Officiers et Gens de sa maison. Les Militaires appartiennent à l'Etat, et servent la Patrie dont le Roi est le chef.

Les Gens de Guerre d'aujourd'hui sont accoutumés à un Commandement absolu: ils ne tiennent à leur Pays que comme ces lierres qui étouffent peu à peu l'arbre dont ils ravissent les sucs nourriciers. Cependent ils se croient les défenseurs de la Patrie; tandis qu'ils ne sont trop souvent que l'instrument fatal de l'ennemi domestique occupé sans cesse des moyens de la mettre ou de la retenir dans les fers. On leur a persuadé que, dans l'intérieur de l'Etat, l'obéissance est aussi nécessaire que dans un combat contre les ennemis, et pour fomenter l'inquisition la plus odieuse on les a rendus ennemis de leurs compatriotes, contre lesquels ils ont sans cesse le poignard levé. Ils ne réfléchissent pas (dit le Comte de Boulainvilliers, Hist. de l'anc. Gouvern. de la France, Tom. 3. Pag. 13.) que, quand lassés du métier, ils voudront se reposer dans la condition des Citoyens, d'autres qui auront pris leur place les enchaîneront à leur tour, en suivant leur exemple. Aussi les Militaires sont-ils intérieurement haïs et méprisés. La Nation ne voit en eux que ses Geôliers et ses Bourreaux.

Nourri dans les principes d'une obéissance servile; accoutumé par état à une discipline rigoureuse qui lui défend de raisonner sur les ordres qu'il reçoit, le Soldat est communément un esclave, et devient par là même l'ennemi de la liberté de ses Concitoyens. Dès que les chefs commandent, il méconnaît tous les rapports qui le lient aux autres hommes: il plongera, si l'on veut, l'épée dans le sein d'un Citoyen, de son frère, de son ami. En un mot l'homme de guerre, de même que le dévot fanatique, ne se croit pas fait pour penser, il devient cruel, inhumain, sans pitié; il commet le crime sans remords, quand ses Chefs lui disent qu'il faut le commettre. La plupart des Soldats semblent dire à leurs Chefs, ce que Lucain a mis dans la bouche de Lœlius, Officier de César: « Faut-il frapper mon frère, ou enfoncer l'épée « dans la gorge de mon Père, ou bien la plonger dans « le sein de mon épouse enceinte, ma main quoiqu'à « regret va se prêter à tout. »

Pectore si fratris gladium, juguloque parentis
Condere me jubeas, plenæque in viscera partu
Conjugis, invitâ peragam tamen omnia dextrâ.

Pharsal. Lib. I. vers. 361.

C'est aux défenseurs de la patrie d'examiner si leur profession n'est pas dégradée par un service bas et mercenaire: car chez les officiers supérieurs, comme chez les subalternes, les mobiles principaux sont la paye, les appointemens, les récompenses, les gratifications. Le véritable honneur doit faire sentir à l'homme de guerre qu'une réputation intacte est la première de toutes les récompenses. Il doit distinguer le mal nécessaire que les circonstances l'obligent de faire aux ennemis de l'Etat, d'avec le mal inutile, le brigandage, la vexation, la cruauté, dont l'honnête homme ne doit jamais devenir l'instrument. Serait-ce donc un mérite militaire, que de terrasser une multitude de citoyens sans défense, et à qui l'on fait encore un crime d'opposer la plus légère résistance? et n'est-il pas infiniment plus beau d'avoir par sa vertu, au péril de sa vie, et de son emploi, sauvé des milliers d'hommes, que d'en avoir immolé quelques uns dans des assauts et des batailles? Dans les Républiques Grecque et Romaine, le Soldat était aimé et respecté. Armé contre l'ennemi commun, il n'eût jamais marché contre ses Compatriotes.

Anciennement les Armées Françaises examinaient le sujet de la Guerre. Elles n'y suivaient le Prince que lorsqu'il défendait l'intérêt de la Patrie. Elles ne se croyaient pas obligées de satisfaire son ambition personnelle, son désir d'augmenter sa fortune, de s'emparer de quelqu'autre Couronne. Lorsque la Patrie n'était point intéressée à la dispute, les Princes étaient obligés de s'arranger par arbitrage, ou de se battre entr'eux, l'Etat entier ne devait pas souffrir pour une querelle qui lui était étrangère. (*Agathias*, *Historia de Francis* Lib. 1. Pag. 12. Edit. de 1660. Et *Maximes du Droit Public Français*, Tom. 2. Ch. VI. 6ᵉ Objection.

Ces maximes pourront paraître étranges à des hommes accoutumés à mettre le Prince à la place de la Nation : elles révolteront, sans doute, les ames avilies, en qui la dégradation est devenue héréditaire ; elles paraîtront fausses à des aveugles qui n'ont aucune idée des droits de la société; elles seront traitées de séditieuses par des flatteurs et des courtisans mercenaires que des intérêts méprisables unissent toujours avec le pouvoir le plus injuste. Mais la vérité de ces principes frappera tous ceux qui remontant au but de la société, aux sentimens inhérens à la nature humaine, aux droits inaliénables des nations, ne s'en laisseront point imposer par des mots. *Obéissez sans examen à l'autorité*, nous crie le despotisme. *Obéissez plutôt à la Nature, à la Justice, à la Patrie*, nous crie l'intérêt général dont la voix est faite en tout temps pour commander aux Citoyens.

Je suis, etc. J . . . .

A * * * Ce 15 Avril 1774.

IMPRIMERIE ANDRÉ IDT, RUE ST-DOMINIQUE, N. 13, LYON.